AUX ÉLECTEURS

DE L'ARRONDISSEMENT

DE MIRANDE

AUX ÉLECTEURS

DE L'ARRONDISSEMENT

DE MIRANDE

—◦◦◦◦◦◦—

Les élections législatives approchent.

Dans quelques mois, nous serons appelés à nommer un représentant qui devra assez à la Chambre dire nos besoins et soutenir nos intérêts.

Si le décret qui convoquera cette nouvelle Assemblée enjoignait à chaque commune, comme en 1789, d'inscrire les plaintes et doléances de tous ceux qui souffrent de l'état social et qui réclament des réformes, que contiendraient, dites-moi, les cahiers électoraux de nos communes ?

Des revendications politiques ? Bien peu. Nous demanderions, au contraire, qu'on consacrât moins de temps à la politique et plus à nos affaires. Un député, toujours préoccupé des questions agricoles comme M. Méline, nous plairait mieux qu'un député journaliste qui se sert de la tribune, à la Chambre, non pour défendre des projets de loi agricoles, mais pour faire de l'agitation politique et augmenter le tirage de son journal.

Nous commençons à être las des politiciens ; nous ne vivons pas de belles phrases, mais bien du produit de nos terres. C'est à l'agriculture que doit penser sans cesse notre député ; c'est à cela que nous pensons sans cesse.

Nos plaintes et doléances seraient donc surtout agricoles.

I. — LA TRADITION DÉMOCRATIQUE.

J'ai eu, ces jours derniers, la curiosité de revoir les cahiers électoraux de 1789 ; nos aïeux y ont si sagement exprimé leurs besoins que j'espérais bien y trouver des choses intéressantes au point de vue agricole. Vous allez voir que mon espoir n'a pas été trompé.

Chacun sait comment ont été faits ces cahiers. Tout le monde sentait et disait que des réformes étaient nécessaires ; le Tiers-État se plaignait d'être exploité par le clergé et foulé par la noblesse ; le clergé trouvait les droits de la noblesse excessifs ; la noblesse accordait que le clergé s'enrichissait démesurément aux dépens du paysan. Des réformes, il fallait des réformes, c'était le cri général.

On demanda donc à chacun de dire celles qu'il réclamait. Un cahier fut ouvert dans chaque commune, et on vit les plus humbles paysans venir épancher là leurs espoirs, indiquer d'un doigt certain les réformes qui devaient mettre un terme à leurs maux séculaires.

Ces cahiers furent réunis, condensés, et chaque député apporta sur la tribune de l'Assemblée le tableau le plus saisissant des souffrances de nos aïeux, l'indication la plus remarquable et la plus modérée de leurs revendications. On ne saurait relire ces cahiers sans bénir l'œuvre de la Révolution française, sans remercier du fond de son âme ceux qui luttèrent alors pour nous délivrer de tant de tyrannies, de tant de souffrances, de tant d'humiliations.

Que de chemin parcouru depuis cent ans, que de progrès accomplis !

Un paysan de 1789 reviendrait aujourd'hui à la

vie : en voyant ses petits-fils maîtres de leurs champs, égaux aux nobles, affranchis des curés, ils nous estimeraient bien heureux ; quand on lui dirait qu'il n'y a plus de députés du clergé ou de la noblesse pour disputer le pouvoir à ceux du peuple ; quand il verrait notre bulletin de vote égal à celui des grands ou des riches ; quand il lirait nos journaux qui peuvent librement dire la vérité aux plus puissants et réclamer la justice, —je crois vraiment qu'il pleurerait de joie, ému de voir réalisé l'idéal qu'il avait à peine osé rêver.

L'égalité, la liberté, voilà deux mots qui nous semblent aujourd'hui une rengaîne ; ils représentent cependant deux conquêtes magnifiques pour lesquelles on s'est battu cent ans et pour lesquelles les meilleurs ont donné leur sang le plus pur.

Cette partie du programme de 1789, la partie politique, est passée dans les lois. Il n'en est pas de même, hélas ! de la partie sociale, de la partie agricole. On n'a jamais pu s'en occuper avec suite. Toutes nos forces ont été, depuis cent ans, absorbées par la lutte politique. Nous venons à peine de livrer la dernière bataille pour l'établissement définitif de la République.

Par bonheur, la victoire est complète, et chacun va pouvoir désormais se consacrer aux réformes économiques, aux questions du travail et de l'aisance, et spécialement aux questions agricoles qui intéressent les travailleurs les plus nombreux, les plus méritants, ces vingt millions de cultivateurs qui font la richesse de la France, qui constituent le réservoir profond de ses forces vives.

Que pensaient sur ces questions nos ancêtres de 1789 ? De quoi souffraient alors les paysans et quels remèdes demandaient-ils ? Chose curieuse, ils souffraient de ce dont nous souffrons ; ils demandaient ce que nous demandons. Ecoutez plutôt :

« Qu'on assure, réclamaient-ils, des emprunts
» faciles aux laboureurs et aux artisans qui man-
» quent d'instruments pour travailler ;

» Qu'on assure du travail à tous les pauvres
» valides et des moyens de soulagement aux
» infirmes ;

» Que chaque commune soit tenue de nourrir
» ses pauvres invalides ; que dans chaque canton
» il soit établi un atelier de charité ;

» Qu'on pourvoie à l'éducation *professionnelle*
» des enfants trouvés ; qu'on élabore un plan
» d'éducation nationale ;

» Qu'on pose une limite à la trop grande éten-,
» due des fermes comme préjudiciable à la popu-
» lation, et aussi à l'abondance des bestiaux et
» des engrais. »

Vous le voyez, nos aïeux de 1789 souffraient, comme nous, des fermes trop vastes, de la *culture extensive sans capitaux*, des champs en jachère, des terrains labourables laissés en pacages, au préjudice de la main-d'œuvre, ou, comme ils disaient, des pauvres valides restant sans travail.

Ils demandaient des *emprunts faciles* pour les laboureurs qui manquent d'instruments de travail, c'est-à-dire qu'ils demandaient le *Crédit agricole* sous forme de terres, de bétail, d'outils, d'amendements ; ils comptaient augmenter ainsi la population, la quantité des bestiaux et des engrais en divisant la propriété ; ils tendaient à la culture intensive dont la formule est : beaucoup de main-d'œuvre et de capitaux sur des exploitations d'étendue restreinte.

En second lieu, on réclamait en 1789 l'organisation de l'assistance publique dans les campagnes, la nourriture des pauvres invalides à la charge de chaque commune, un atelier de charité dans chaque canton.

Enfin, on parlait alors de l'éducation professionnelle, question à l'ordre du jour en ce moment : former des agriculteurs et des ménagères, n'est-ce pas le but de cette éducation nationale dont on demandait l'élaboration ?

En résumé, le *Crédit agricole* pour la culture intensive, l'*éducation professionnelle agricole* et *l'assistance dans les campagnes*, tels étaient les articles du programme de nos aïeux.

II. — LE CRÉDIT AGRICOLE.

« Qu'on assure des *emprunts faciles* aux laboureurs et aux artisans qui manquent d'instruments pour travailler. »

C'est en ces termes que les cahiers électoraux de 1789 réclamaient le *crédit agricole et populaire*, ce crédit que les Chambres et le gouvernement sont en train de fonder, au bout d'un siècle !

On a fait des objections, et j'en ferai moi-même, au projet de loi que la Chambre a voté en première délibération au printemps dernier. Il me semble cependant bon en principe.

Il établit qu'un crédit en marchandises, en *instruments de travail*, suivant l'expression des cahiers, sera ouvert à tout laboureur et à tout artisan dont aura répondu une association ouvrière ou agricole. Ainsi, un cultivateur déclaré solvable par le syndicat de sa commune ou de son canton, pourra toucher à crédit des engrais, au moment des semailles. Il signera, en reconnaissance de ce prêt, un effet commercial à longue échéance ; le syndicat remettra cet effet au marchand d'engrais, lequel trouvera une Société financière pour l'escompter. Cette Société, au moment de la récolte, se présentera au cultivateur et encaissera l'effet agricole, comme la Banque de France les effets de commerce à quatre-vingt-dix jours.

Le cultivateur pourra payer, car il aura assuré sa récolte, l'*assurance agricole* étant le fondement obligé du Crédit agricole.

Voilà à peu près le mécanisme du projet Méline voté par la Chambre et complété par le projet du gouvernement relatif à la Société de crédit agricole et populaire. Le projet Méline crée le papier agricole ; le projet du gouvernement crée la Société chargée de l'escompter et de procurer de l'argent en échange.

On avait espéré faire escompter le papier agricole par la Banque de France. Cet établissement privilégié aurait fait ainsi profiter les agriculteurs des avantages qu'il retire de son monopole, de l'émission du papier-monnaie. A la Chambre, on discute le renouvellement de son privilège, on lui demande de mettre ses millions au service de l'agriculture. Elle refuse, prétendant qu'elle ne peut recevoir que du papier à court terme, 90 jours au plus.

La discussion peut se prolonger.

Le gouvernement n'a pas voulu en attendre la fin pour organiser le Crédit agricole. Il demande au Parlement de voter 2 millions par an pour garantir les intérêts de son capital à une Société qui escompterait le papier agricole et ouvrier. Cette somme votée par la Chambre, il se trouvera certainement des financiers qui proposeront de fonder la Société d'escompte désirée, qui réuniront des capitaux, et qui offriront ces capitaux à l'agriculture, sous bénéfice de la garantie de 2 millions par l'Etat.

Le jour donc approche qu'appelaient nos aïeux de 1789, où des emprunts *faciles* seront assurés à tout laboureur et à tout artisan pour se procurer des instruments de travail. Quels sont les instruments nécessaires à l'agriculteur?

D'abord de la terre, puis des outils, du bétail et des amendements. On commencera par donner aux propriétaires des engrais; puis si l'œuvre est bien conduite, du bétail à cheptel, et enfin, j'ose l'espérer pour un avenir que nous verrons, des outils et des terres aux prolétaires des champs. Ainsi se trouvera résolu le problème social dont l'humanité poursuit obstinément la solution depuis des milliers d'années : de la terre à qui peut la travailler ; la propriété partagée en petits lots, chaque lot suffisant par la culture intensive à la subsistance d'une famille ; le revenu du sol de la France doublé, ainsi que sa population.

C'est là de l'idéal, mais la vue constante de l'idéal est nécessaire à l'humanité pour qu'elle ait du cœur à l'ouvrage.

La tâche de l'heure présente est de retenir aux champs l'argent qui s'en va à la ville se perdre entre les doigts des financiers ; c'est d'employer à l'agriculture un capital qui représente le travail accumulé des agriculteurs des siècles écoulés ; c'est de faire servir la richesse née de la terre à en extraire d'autres richesses, à rendre la prospérité aux agriculteurs et, par suite, à la France.

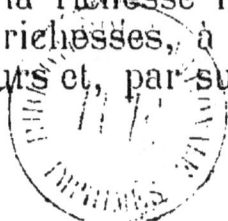

III. — ÉDUCATION AGRICOLE

Je visitais dernièrement une école primaire de Paris, une grande école, ma foi, occupant une vingtaine de professeurs ou instituteurs.

Le directeur me fit entrer d'abord dans une salle basse où je vis réunis une cinquantaine d'enfants.

Ils travaillaient, les uns à des bancs de menuisier, d'autres à des étaux de serrurier, les derniers à des établis de modeleur. Ceux-ci pétrissaient la terre glaise, les seconds poussaient la varlope et les premiers maniaient la lime. Les menuisiers avaient la commande d'une applique de porte-manteau qu'on leur avait dessinée sur le tableau ; les serruriers, d'une entrée de serrure ; les modeleurs, d'un modèle de feuille de platane.

Et ces ouvriers de douze ans travaillaient avec entrain, sérieux à la besogne, conseillés par un ouvrier de la partie qui leur apprenait le métier, surveillés par un instituteur qui leur donnait les notions théoriques nécessaires.

On me montra les objets fabriqués dans ces petits ateliers : vous n'auriez jamais cru qu'ils fussent l'œuvre de ces enfants. Et cependant, les ouvriers moniteurs n'y mettent jamais la main. Seulement, on prend soin de bien graduer l'ouvrage à ces apprentis, si bien qu'ils peuvent toujours exécuter la pièce qu'on leur demande avec les seules indications du maître ouvrier.

Ainsi la pièce est le plus souvent réussie ; les enfants sont heureux de se sentir adroits ; ils ont du cœur à l'ouvrage ; ils aiment tout de suite le travail manuel : c'était le but à atteindre.

L'enseignement primaire est ainsi devenu *enseignement professionnel :* c'est la pensée de Diderot qui se réalise, celle même que je signalais l'autre jour dans les cahiers électoraux de 1789.

En sortant de cette belle école parisienne, je revins, par l'imagination, dans mon village, à cette modeste école où j'allais à douze ans. Je me disais : On développe chez ces petits Parisiens l'adresse physique ; on les prépare à devenir bons ouvriers, artistes ou fabricants, à gagner leur vie gaiement. Et à nous, enfants nés à la campagne, on ne nous a seulement pas appris à faire œuvre de nos dix doigts.

Il n'est pas cependant difficile d'imaginer à l'Ecole rurale une installation analogue à celle de l'Ecole parisienne :

Un champ, des outils agricoles ; comme moniteurs, le meilleur laboureur et le meilleur jardinier de la commune ; comme directeurs, l'instituteur et, derrière lui, le professeur départemental d'agriculture ;

Les enfants cultivant ce champ, y pratiquant les façons, les amendements, tous les procédés de la culture intensive, touchant du doigt le moyen de faire beaucoup de blé sur un petit espace, beaucoup de fourrage, beaucoup de vin ; en un mot, s'habituant à la culture soignée et productive, prenant déjà une certaine habileté professionnelle, et surtout acquérant l'adresse physique et l'activité.

La loi prévoit l'installation dans chaque commune d'un *champ de démonstration.* Ce champ, prêté par un propriétaire, est cultivé par lui suivant les indications du professeur départemental, avec des engrais, des semences ou des boutures fournis par le département. On n'y fait pas d'expériences agricoles ; on y *montre* les résultats certains obtenus ailleurs dans des champs d'expériences.

Eh bien, pourquoi ne pas prendre ce champ à portée de l'école ? Pourquoi ne pas y appliquer le travail des enfants et, au besoin, des prestations des jeunes gens de la commune ?

Habituer les enfants de nos campagnes au travail de la terre me paraît aussi nécessaire que d'habituer les enfants de Paris au travail du bois, du fer ou de la glaise.

Nous sommes presque tous appelés à nous occuper de culture, les uns comme ouvriers, les autres comme propriétaires ; tout le monde doit connaître un métier pour vivre encore aux heures de détresse, sans déchoir, sans mendier.

Les propriétaires, s'ils prennent, dès l'école, l'habitude de travailler de leurs mains, s'intéresseront davantage à leurs cultures ; ils dirigeront mieux leurs ouvriers ; ils résisteront mieux aux tentations de la vie oisive.

Les fils d'ouvriers gagneront au travail de l'école un peu plus d'intelligence dans l'exercice de leur métier ; on leur apprendra moins l'histoire de Clovis et davantage les principes de la végétation, ainsi que la pratique raisonnée des outils agricoles.

Telle est l'*éducation professionnelle* où tend la démocratie.

« L'école primaire doit élargir le cercle de son enseignement et devenir école professionnelle », aimait à répéter le vieux Corbon, l'ouvrier-sénateur.

« Elle doit développer les facultés *intellectuelles* des travailleurs et les facultés *manuelles* des bourgeois. Les uns et les autres y gagneront en valeur, et l'énorme quantité des forces humaines qui se perdent diminuera pour le plus grand bien de la société. »

IV. — ASSISTANCE AGRICOLE.

La dernière des revendications inscrites dans la partie agricole des Cahiers électoraux de 1789 est la suivante :

« Que chaque commune soit tenue de nourrir » ses pauvres invalides ;
» Que dans chaque canton il soit établi un ate-» lier de charité ; qu'on assure du travail aux » pauvres valides et des moyens de soulagement » aux infirmes. »

En d'autres termes, la commune est une famille qui doit assistance à ceux de ses enfants que la misère ou la maladie accable. Les communes doivent s'associer pour fonder et soutenir au chef-lieu de canton un établissement de charité, un atelier destiné aux pauvres. Voilà l'organisation de l'assistance publique que réclamaient nos ancêtres pour les campagnes.

Qu'a-t-on fait ?

Chaque commune prélève aujourd'hui sur son revenu quelques centaines de francs, afin de donner un pain par quinzaine aux indigents, et de leur payer les soins du médecin, ainsi que les remèdes, s'ils sont malades.

Et c'est tout. Ajoutons, si vous voulez, qu'il se trouve presque toujours des voisins charitables, qui font l'aumône d'un vieux vêtement ou d'une soupe chaude aux plus nécessiteux, qui visitent et veillent les plus malades.

Est-ce suffisant ? Non.

Dans chaque village n'avez-vous pas sous vos yeux des estropiés à l'abandon, des vieux en enfance, des vieilles épuisées, des enfants mal traités ?

La commune voit la détresse de ces misérables ; elle entend leurs plaintes, sans rien faire.

Et cependant remontons un moment vers le passé ; pensons à nos ancêtres qui ont jadis fondé cette commune. Ils ont souffert, tout le long des siècles, du seigneur qui les bâtonnait, du soldat qui les violentait et les pillait, du gabelou qui les tondait jusqu'au sang. Pour se défendre contre ces ennemis, pour adoucir leurs peines, pour partager leurs rares joies, ils se sont réunis autour de ce clocher ; ils se sont entr'aidés, secourus, consolés, formant une grande famille, et cette famille vivant une longue vie difficile à travers les âges s'est prolongée jusqu'à nous. Voilà ce qu'est *la commune*.

Et maintenant, si nous suivons nos ascendants vers les temps écoulés, nous retrouvons aussi ceux des malheureux de notre commune. Qui de nous peut dire qu'un des nôtres n'a pas reçu quelque service signalé d'un des leurs ? Bien plus, est-il impossible qu'un de leurs aïeux ait sauvé un jour la commune par son courage ? Qu'une de leurs aïeules se soit dévouée à soigner les gens du bourg dans une de ces pestes jadis si fréquentes ?

Voilà pourquoi notre devoir, le devoir de la commune, est d'assister ceux qui souffrent.

« La commune doit assurer la nourriture à ses pauvres invalides et des moyens de soulagement aux infirmes. » Le voilà, ce devoir, tracé de la main de nos pères de 1789.

Ils ont ajouté : « Que dans chaque canton, il soit établi un atelier de charité. » Ces paroles contiennent, à mon avis, l'indication de ce qui reste à faire.

Supposez que les communes de chaque canton installent au chef-lieu, à frais communs, un asile pour recevoir les vieillards et les infirmes. Supposez que cet asile soit installé en pleins champs, avec un domaine à cultiver tout autour. Cet asile devient aussitôt une maison à diriger, une ferme à exploiter, un *atelier de charité* où l'on pourra utiliser le travail des malheureux, où il sera facile de les intéresser à quelque besogne.

Le reste de la main-d'œuvre serait fourni par des prestations des jeunes gens de la commune ; les garçons, aux champs ; les filles, au ménage, au jardin et au chevet des malades.

Le champ de démonstration du chef-lieu ferait partie de la ferme.

L'Hospice serait ainsi une Ecole agricole pour les garçons ; les filles pourraient y devenir des ménagères, des femmes compatissantes, des gardes-malades précieuses.

A l'institutrice reviendrait la surveillance du travail intérieur réservé aux filles ; à l'instituteur, la surveillance du travail extérieur réservé aux garçons, sous l'inspiration du professeur départemental d'agriculture, ainsi qu'il a été dit pour les champs de démonstration.

Une assemblée générale de délégués des communes, un bureau de bienfaisance cantonal, exercerait un contrôle suprême sur l'œuvre, ainsi qu'une assemblée d'actionnaires dans une affaire industrielle.

Ainsi se trouverait réalisé l'atelier de charité rêvé en 1789. Cette ferme serait la véritable maison commune du canton, où les travaux et la gaieté des jeunes gens adouciraient les tristesses des malheureux voués maintenant à l'abandon.

Nos enfants, enfin, apprendraient les devoirs de charité que nous ignorons si complétement, à notre honte.

V. — VOIES ET MOYENS.

Nous sentons tous que nos enfants sont mal élevés ; qu'on semble former nos garçons pour être des rentiers et nos filles pour être des dames.

De même, nous reconnaissons que la commune remplit mal ses devoirs envers les malheureux ; que des travailleurs vieillis, des mères de famille épuisées, des infirmes pauvres souffrent injustement de la faim et de l'abandon.

Que faire à cela ? C'est la première question que nous posons.

J'ai répondu : 1º Pour l'éducation, que chaque commune transforme son école primaire en école professionnelle agricole, où l'on développera les facultés manuelles des enfants en même temps que leurs facultés intellectuelles ; où on leur donnera le goût du travail et l'habitude de la culture soignée et productive ;

2º Pour l'assistance, les communes établiront au chef-lieu de canton, sous la forme d'une Ferme-Hospice, un Asile qui vivra de ses revenus, grâce au travail dont seront encore capables les pensionnaires, et grâce surtout aux prestations des jeunes gens, pour lesquels cette Ferme sera une École de travail et de charité.

Comment pouvons-nous faire tout cela ? C'est notre deuxième question.

Il faut en effet de l'argent pour installer l'enseignement professionnel dans chaque commune ; il en faut davantage pour l'hospice du chef-lieu de canton ; il faut aussi des terres. Où trouver l'un et l'autre ? Je vais l'indiquer.

Il a été déposé à la Chambre un projet de loi qui dort dans les cartons, attendant que nous l'en fassions sortir : ce projet restreint le droit d'héritage.

La loi française permet d'hériter d'un parent au douzième degré. Or, s'il est légitime qu'un fils hérite de son père, un frère de son frère, un neveu de son oncle, il paraît moins fondé qu'un parent au douzième degré hérite d'un parent qu'il n'a souvent pas connu et qui n'a pas eu l'intention de lui léguer ses biens. Il serait plus juste que la commune profitât de l'héritage.

Voici un exemple qui fera saisir la légitimité de la réforme proposée :

Je connais un domaine dont le propriétaire mourut, il y a quarante ans, sans héritiers connus. Le domaine échut à de gros propriétaires voisins, simples amis du décédé : ce n'était pas très rationnel, mais voici qui est pire. Un agent d'affaires découvrit, loin d'ici, à Paris, je crois, des parents au douzième degré qui ne se doutaient pas de leurs droits. Il revendiqua pour eux la propriété du domaine ; les gens qui le détenaient durent payer, à titre de transaction, une forte somme, que l'agent partagea avec les héritiers légaux.

Ainsi, voilà un héritage qui a profité à des étrangers ; la valeur de cette terre est sortie du pays pour enrichir des inconnus. N'aurait-il pas été plus juste et plus moral que ce domaine eût été à la commune ? Depuis des siècles, le fonds était mis en valeur par des gens de la commune ;

les propriétaires successifs avaient été plusieurs fois maires de la commune, entourés de prévenances, d'honneurs et de sympathie.

Et ces biens que la commune avait contribué à créer s'en vont à des inconnus, qui n'y avaient aucun droit réel, au préjudice de la commune, qui était la vraie parente et la parente séculaire de la maison !

Cela me paraît immoral, je le répète. D'ailleurs, la loi, dans les pays étrangers, n'admet pas l'héritage à un degré aussi éloigné. Il faut, nous aussi, restreindre ce droit dans notre pays. Le projet déposé à la Chambre s'arrête au sixième degré ; d'aucuns proposent d'arriver jusqu'au quatrième.

Quoi qu'il en soit, la commune aurait dû hériter du domaine dont j'ai parlé.

Elle aurait là, en ce moment, une Ferme-Hospice qui pourrait servir d'asile aux indigents infirmes de tout le canton, qui recevrait une contribution annuelle de chaque commune et deviendrait un établissement de charité important, en même temps qu'une École professionnelle agricole pour nos garçons et pour nos filles.

Qu'on *enrichisse les communes par l'héritage*. Elles créeront alors toutes les fondations d'éducation, d'assistance ou autres, qu'il est de leur devoir d'entretenir.

VI. — CONCLUSION.

Voici donc le cahier électoral que je proposerais pour les élections prochaines :

I. *Nos députés devront maintenir la République qui seule peut nous garantir le libre gouvernement de nos affaires par nous-mêmes.*

II. *La République devra se développer dans le sens démocratique, de manière à donner satisfaction constante aux besoins et aux aspirations du plus grand nombre, des petits, de ceux qui travaillent et de ceux qui souffrent.*

Parmi ceux-ci, les agriculteurs étant les plus nombreux et les plus méritants, l'agriculture doit tenir la première place dans les préoccupations des pouvoirs publics.

III. *Nos représentants devront instituer le Crédit agricole à l'usage de la petite culture et en vue de permettre :*

1° Aux propriétaires, une exploitation plus fructueuse de leurs terres ;

2° Aux non-propriétaires, une appropriation plus facile du sol.

L'assurance agricole par l'Etat sera créée afin de garantir la récolte qui est le gage de l'emprunt.

IV. *L'éducation agricole sera étendue à toutes les communes de France.*

L'école primaire devra devenir école professionnelle et développer à la fois les facultés intellectuelles et les facultés manuelles des enfants.

V. *Nos députés devront organiser l'assistance publique dans les campagnes.*

La commune étant obligée de nourrir ses pauvres invalides et d'assurer des soins aux infirmes, la loi devra mettre à sa disposition des ressources abondantes.

Ce cahier électoral, nous l'avons trouvé dans les cahiers de 1789 et dans les traditions de la démocratie française.

Quand les réformes capitales qu'il contient seront effectuées, — et elles sont mûres, — le cultivateur connaîtra enfin la sécurité, l'entrain au travail.

Pour guérir les maux de l'heure présente, il faudrait y ajouter :

1° Une bonne loi contre l'abus des expropriations ;

2° Une loi atteignant le trafic exagéré des valeurs immobilières et l'agiotage.

En résumé, que demandons-nous ?

Un peu d'aisance au bout d'une vie de labeur.

Nous l'obtiendrons. Maintenant que le suffrage universel nous a émancipés, que notre éducation politique commence à se faire et que nous sentons notre force, nous entendons faire aboutir les réformes réclamées par nos pères il y a cent ans.

Nous sortirons de notre apathie, nous suivrons l'exemple des ouvriers des villes, nous entretiendrons une agitation continuelle autour de nos revendications. Nous sommes plus nombreux qu'eux, plus laborieux, plus sobres : nos demandes doivent passer les premières.

Nous nous syndiquerons comme eux, nous parlerons haut et les pouvoirs de l'Etat se mettront à notre service.

Nous sommes le corps même de la nation ; nous faisons vivre la Patrie.

TARBES. — IMPRIMERIE DE J.-A. LESCAMELA.

www.ingramcontent.com/pod-product-compliance
Lightning Source LLC
Chambersburg PA
CBHW060539200326
41520CB00017B/5293